比任何东西都大的是什么?

(无限)

中文第三版

大卫·E·麦卡达姆斯

版权 © 2025 大卫·E·麦卡达姆斯。保留所有权利。未经版权所有者的书面许可,不得以任何形式复制、存储或传播本作品的任何部分。

"大"有多大?

你大吗?

和老鼠站在一起时，你算大吗？

和大象站在一起时,你算大吗?

你和爸爸，谁更大？

你妈妈和一栋房子,哪个更大?

一栋房子和一座城市,哪个更大?

一座城市和地球,哪个更大?

地球和太阳系,哪个更大?

一个太阳系和一座星系,哪个更大?

比任何东西都大的是什么?

"无限"就是比任何东西都大。

你会数到 5 吗?

你能在5的基础上再数一个吗？6比5大1。

你能在 6 的基础上再数一个吗？再加 1 就是 7。

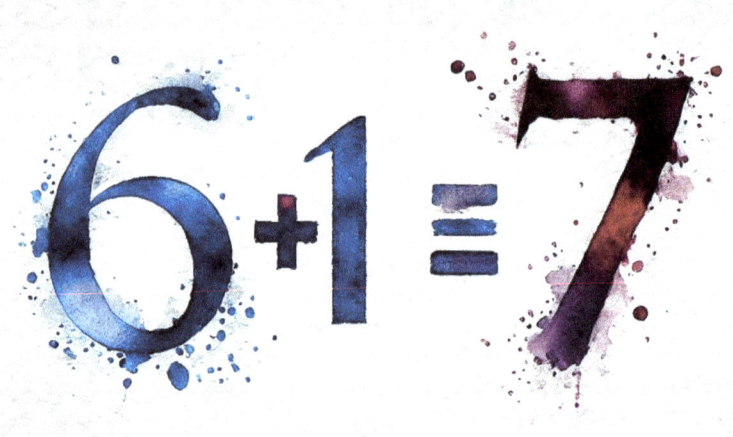

对任何数字，你总能再加 1。

阿基米德说:"总还能再加一个数。"

没有"最后一个数",因为总还能再加一个。

既然没有最后一个数,数字就是无限的。

"无限"意思是比你能想象的任何数字都多。

你能想象乌龟多到盖满整个世界吗?无限比那还多。

你能想象一千亿个星系里有多少星星吗？无限更多。

"无限"就是比任何数字都多。

动手活动

无限有多大？

1. 拿一张纸和一支铅笔，在纸上开始写数字。
2. 在一张纸上，你能写下多少个数字？
3. 每写一个数字，数就会变得更大。如果你整整一天都在纸上写数字，那会是"无限"吗？
4. 不管你写了多少个数字，那都还不是"无限"。

关键词汇

大：和一个标准比起来更大。

更大：比某个东西更大。

无限的 / 无穷的：比你能想到或选出的任何东西都更大 / 更多；没有尽头。

无限 / 无穷：没有尽头这个想法（一个概念）。

www.ingramcontent.com/pod-product-compliance
Lightning Source LLC
Chambersburg PA
CBHW050049080526
44586CB00014B/1524